JN439494

연하장

연하장

발행 | 2017 년 10월 16일

지은이 | 박재희
펴낸이 | 신중현
펴낸곳 | 도서출판 학이사
출판등록 : 제25100-2005-28호
주소 : 대구광역시 달서구 문화회관11안길 22-1(장동)
전화 : (053) 554~3431,3432
팩스 : (053) 554~3433
홈페이지 : http : // www.학이사.kr
이메일:hes3431@naver.com

ISBN _ 979-11-5854-101-9 03810

이 도서의 국립중앙도서관 출판예정도서목록(CIP)은 e-CIP 홈페이지(http://seoji.nl.go.kr)와 (http://www.nl.go.kr/kolisnet)에서 이용하실 수 있습니다.(CIP제어번호: CIP2017025811)

연하장

박재희 시집

學而思 | 학이사

시인의 말

결혼 31년째인 우리 부부는
새해가 돌아오면 우체국으로 가
예쁜 연하장에 새해 소망과
따뜻한 감사의 마음을 적어
나는 집으로 아내는 회사로 보냅니다.
결혼할 때
'첫 마음' 그대로
새해 한 통의 편지가 꽃씨 되어
우리 집은 365일 웃음꽃이 핍니다.

2017년 가을
박재희

차례

제2부_ 연하장

제3부_ 하늘 법문

제4부_ 우포늪 쪽배

제1부

만추晩秋

등

나대신 짐만 지느라 활처럼 휘었다
그 활로 세상을 향해 화살을 날렸으나
매번 스쳤을 뿐 명중은 없었다

젊었을 땐 남의 집 머슴으로
한때는 유개골* 물레방앗간 주인으로 열심히 살았지만
남은 것은 굽은 허리뿐
나이면서 나를 보지 못한 채
팔순을 돌아 무수한 짐을 져 나른
아버지의 등

굽은 등이 자식들의 등燈이었다

*유개골: 달성군 유가면 음리의 옛 지명

만추晩秋

- 목욕탕에서

앙상한 등뼈 저승꽃이 듬성듬성 핀 축 늘어진 불알
쓸데라곤 어디에도 없는 형편없는 몸
아버지란 굴레가 얼마나 힘들었던지
살아온 세월의 풍화와 마모가 한눈에 확연히 드러나 있다

불알에 요롱소리 날 정도로 칠남매를 위해 일했으니 '얼마나 힘드셨냐?' 고
내 시선이 그곳에 꽂혔을 때 그의 눈은 아직도 논밭이 그리운 듯
소처럼 맑은 눈을 끔뻑였다

아흔 가까이 논밭을 쟁기질한 축 늘어져 익을 대로 익은 불알
장년의 아들이 정성껏 닦고 있다

씨팔념

차를 운전하고 가는데 좀 천천히 간다고 뒤따라오던 아들뻘 되어 보이는 젊은 기사가 무슨 일이 그리 바쁜지 "씨팔념" 하고 휭 앞질러 갑니다

세상 구경하며 즐겁게 가는데 느닷없이 환한 얼굴에 후려갈기는 '씨팔념', 나는 억울한 마음에 뒤따라가 빰이라도 갈겨주고 싶었지만 참았습니다

그러고 보니 한편으로 그 기사가 고맙기도 하네요

나이 오십 줄에 들면 그것이 잘 안 선다는데 나보고 씨팔념이라니, 아직 힘이 남아있다는 칭찬 같기도 하네요

세상에 태어난 목적이 사람이나 짐승이나 고것 잘해 씨 팔려고 나온 것 아니에요?

모처럼 주머니가 두둑해진 밤

내 귀에 유난히 앵앵거리는 "씨팔념!"

늦가을 해

늦가을 해가 벼를 베어낸 논바닥에서
심심하다

참새도 떠나가고, 허수아비도 떠나가고
농부의 마음도 떠난 쓸쓸한 논바닥

논바닥을 날마다 톡톡 두드리더니
햇살을 쟁이더니
죽은 줄 알았던 벼 밑둥에서 싹이 나온다

저 싹이 쓸모 있건 없건
농부야 일손을 놓았건 말건
파랗고 여린 싹을 불러놓고
'사는 날까지 힘껏 살아보자고'
매섭게 잔광을 쏘아대고 있다

금

가뭄으로 논바닥이 갈라질 때
밤새워 물꼬에 물 마중하던 아버지
물 한 바가지 얻기 위해
논 경계를 하고 있던 이웃과 마음도 갈라졌다
금金 같았던 소중한 마음들이 금을 긋는다

평온했던 아버지
쩍 쩌억, 갈증의 논바닥이 신음하자
오랜 신경통을 앓듯 아버지의 몸에도 금이 갔다

아버지는 물에 목숨을 건다
"가물 땐 물 한 방울도 소중한 금이제…"
한여름 내내 벼논에 서성이며
이웃과 언성 높이던 굵은 음성이
논두렁에 굳은살처럼 박혀 있다

가을! 벼들이 술렁인다
오래전 금갔던 논바닥에서
아버지의 금이 익고 있다

창

"죄송합니다. 주인님!"
"저는 창을 들어야 되겠습니다"
"이대로는 정말 죽기 싫습니다"

검은 비닐봉지 속에서 감자 몇 알이 사투를 벌인다
살기 위해선 그에게도 창이 필요하다
생존의 숙제를 풀듯 주인이 방심한 틈을 타 창을 휘두르고 있다
햇빛 한 조각 물 한 모금도 먹지 않고
매끈했던 몸을 주름 잡으며 으르렁거린다

한 마디가 꺾이면 또 다른 마디를 내미는
저 뭉툭한 것의 힘
벌써 조롱조롱 콩알만 한 새끼 달고 비닐봉지 밖을 뚫었다

과거를 묻다

현재의 밑거름이 되었던
요술 방망이 같은 과거
얽히고설킨 그 속에 무엇이 들어있을까?

나는 흙에서 자란 무공해 저 풋풋한 채소
탐스럽게 익은 과일
그들의 과거를 캐본다

과거 속에는 무공해가 되기 전 닭똥, 소똥, 눈 빠진 생선 머리
세상 밑바닥의 더러운 것은 다 들어있다
고놈들 썩고 곰삭아서 배추도 되고 잘 익은 사과도 나온다

과거는 캐면 추하고 아픈 것
어느 유명인의 과거 성희롱 전력이 궤변으로 뉴스에 흘러나왔다

"사과도 꿀벌과 나비의 성희롱에서 나왔다"고

처서處暑

풀벌레 소리
알 듯 모를 듯 귀에 배달된다

벼도 목이 가렵다고
설렁설렁

새벽하늘에서 전송된 문자메시지
풀잎마다 대롱대롱

나도 생각이 무거워
자꾸 고개를 숙이게 된다

서울 동창회

꽃들이 놀러간다
서울동창 원길이 태석이 창희 병기 순자 만나려
흰머리 검게 물들이고 뽀글뽀글 볶은 아줌마들이
입술엔 복사꽃보다 고운 립스틱 바르고
잡초 같은 종칠이 재식이 한수 태용 재규 정일 영수 형득 형열 재명 장환 아저씨들과
관광버스에 실려 서울 동창회하러 간다
집에서는 펑퍼짐한 한물간 여자지만 봄바람 만나면 복사꽃이다
지천명도 나이냐며 영희 순자 영혜 정자 순화 태희 재순 귀자 옥순 복련 명자
참이슬 몇 방울 들어가자 금방 꽃망울 터트린다
달리는 관광버스처럼 바삐 달려온 세월
자식새끼 키우느라 못 다한 한이라도 풀 듯
뽕짝과 막춤에 몸을 맡긴다
활활 타오르는 생의 꽃!
4월 봄 진달래보다 뜨겁고 만개한 벚꽃보다 환하다

휴게소에서 참새처럼 모여 지저귀자

다른 관광버스 아저씨 부러운 듯
“물 좋다!” 한마디 던진다
그래 물 좋다!
‘참’ 이슬에 피는 동심의 꽃이다

쟁반위에 사과

쟁반위에 놓인 탐스런 한 개의 사과
그리고 칼

사과를 꿰뚫어본다
사과도 나를 꿰뚫어본다
내가 사과를 깎는 것이 아니다
사과가 나를 깎고 있다
단 향기로 유혹하며 나를 깎을 때
엉큼함이 하나, 둘 들통난다
군침을 흘리며 사과 속으로 빠져 들어가고
어디쯤 씨방을 불쑥 내 민다

사과 속에서
눈 부릅뜨고 있는 까만 씨앗들

'누가 날 집적거려?'

고향

가을이 되니 뽕나무에도 누런 달하나 달려 있다
지난겨울 호박 구덩이에 듬뿍 퍼부었던 인분
줄기를 타고 올라 저렇게 독하게 허공에 매달려 있다

어디로 갈 것인지
먼 곳을 뚫어지게 바라보고 있다

갈바람 부니
저 달 고향으로 돌아갈 꿈을 꾸나 봐
오래전 한 몸이었다는 듯
내 눈이 자꾸 달을 삼키고 있다

허수아비 아버지

몇 해 전 돌아가신
아버지 입던 옷을 허수아비가 입고
밀짚모자 눌러쓰고 벼논을 지킨다
어설픈 아버지
어머니는 아버지 없는 빈자리가 두려워 세워두었다

멀리서 보면
아버지가 논에서 땀 흘리고 계신다
바람소리 한 자락 흔들며 참새를 쫓는다

살아생전 아버지의 목숨 같은 밥 거기에 있기 때문일까
한평생 어머니를 지켜준 힘이 거기에 있기 때문일까

추수가 가까워지면 더 바빠지는 아버지
막걸리 한 사발 마시고 싶어
어머니가 새참 이고 오는 길만 바라보네

족적

가을걷이한 들판에
나란히 벗어놓은 벼의 신발들
밤하늘에 별이 뜨듯 논바닥에 뿌려놓은 소금별 같다

그 곁에 쩍쩍 갈라진 금을 안고
일그러진 달처럼 움푹 패여 굳은
늙은 아비의 발자국

힘겨웠던 한 해의 꽃일까?
품은 것 다 떠나보내야 보이는
아버지만 아는 쓸쓸한 가을

보리밭

오디가 까맣게 영글고
청보리가 익어갈 때
보리밭에는 무슨 꿍꿍이속 같은 바람이
일렁일렁 일었지

뻐꾹뻐꾹
저녁 무렵에 우는 뻐꾸기

그 옛날 삼촌이 가끔 사용했다는
까투리 둥지 옆 자연 여인숙
보일 듯 말듯 보일 듯 말듯

2011 봄, 사라진 고향

육중한 덤퍼트럭과 포크레인을 동원한 점령군 같은 테크노폴리스란 괴물이
고향의 살을 찢고 망가트리고 송두리째 향수의 뿌리까지 뽑아버렸다

마을이 사라진 폐 벽돌사이에서 구사일생으로 살아남은 살구나무
온종일 누굴 찾고 있는지, 누굴 기다리는지 환하게 꽃불을 켜고 두리번거린다

구부러진 돌담길과 굴뚝에서 저녁연기 피워 올리던 평화로운 마을
낡은 집과 함께 늙은 할미와 인심 좋은 이웃집 아줌마 아저씨 어디로 갔을까?

마을 공터에서 영애, 한수, 태용, 옥동이 소꿉놀이하던 어린 시절 추억
푸른 들판에 개굴개굴 밤잠을 설치게 하던 그 수많은 개구리 어디로 갔을까?

국화빵

달궈진 모형 틀에서 국화가 핀다
서리 맞아야 곱다는 꽃이
구공탄 불꽃 위에서 핀다

퐁퐁
주전자가 움직일 때마다
뭉클한 사랑 내뱉는
가난한 꽃

이 겨울
모진 세월에도 잊히지 않고 피는
추억의 꽃이
시골 장 모퉁이에서 핀다

철판 위에
뿌리를 내린 꽃
어머니의 가슴 같다

시래기가 걸려있는 풍경

몸통을 잃어버리고
늦가을부터 처마 밑에 매달려
참수형을 당한 듯한 시래기
푸시럭푸시럭 남은 힘줄을 당기고 있다

때론 잊지 못할 기억 때문이라는 듯
풋풋한 저 살기
가을날 무밭에선
무슨 일들이 일어난 것일까

시리게 가슴에 와 닿는 아픔
한때는 엄동설한 허기를 채워준
우리 칠남매의 끈질긴 생명줄이었다

가마솥에 수제비 몇 개 동동 띄우면
절망의 끝에서
보릿고개 넘던 두레 밥상
온 가족이 푸르게 웃었다

제2부

연하장

연하장

당신은 내 가슴속에
봄이면 진달래로 핍니다
여름이면 화안한 접시꽃으로 핍니다
가을이면 들국화로 핍니다
꽃 피우기 힘든 겨울엔 하얀 설화로 핍니다

연하장을 써서 집으로 보냈습니다
새해 한 통의 편지가 꽃씨 되어
365일 우리 집은 웃음꽃이 핍니다

밖에서 손가락질 받은 날도
아내는 내편이 되어
구겨진 가슴 한 뜸 한 뜸
분홍 꽃밭으로 수놓습니다

은방울꽃

아내와 나란히 팔베개를 하고 누웠다
살가운 아내의 목소리
"여보! 죽어서도 당신과 부부의 연을 맺었으면 좋겠어"

나는 아무런 대답도 안했다
"그럼 당신은 아니야?"
"아니야, 나도 그러고 싶은데
두메산골 들꽃이나 뒤영벌로 태어나고 싶어"

"그럼 당신이 좋아하는 꽃이 뭔데?"
"금강초롱이나 은방울꽃"
아내는 "은방울꽃으로 피고 싶어"라고 했다.

"그래 나는 뒤영벌 되어 당신 찾아갈게"
아내가 약속하듯 하는 말
"이마에 당신 표시로 흰점 하나 꼭 찍고 와"

눈웃음 꽃

당신이라는 꽃은
사랑에만 반응하는
봄 산자락에 피는 매화 같아서

봄바람이
나뭇가지 톡톡 두드리면
배시시 문 열고 나오는 봄 소녀 같아서

나는 열두 달을 하루같이
꽃 마음 읽으려고
봄바람 되어 그대 마음을 흔든다

수련

임이라고 불러도 되겠냐고 물으니
얼굴만 붉힙니다

손잡아도 되겠냐고 물으니
고개만 살래살래

그러면
그러면 뭐라고 불러야합니까?

홍조 띈 얼굴만 물 위에
쏙 내밀고 웃는 그대여

당신 처음 만났을 때 그랬지요
수련꽃이었지요

나의 시를 읽어주는 유일한 독자에게

낮은 곳에서도 미소 짓는 채송화로
밝게 웃어서 행복했습니다
북풍이 몰아치는 허름한 토방
따뜻한 체온 함께 나눌 수 있어 고마웠습니다
머리가 희끗희끗 세어가는 순간에도
세상에서 가장 선한 사람으로 믿는 그녀
다시 태어난다 해도 당신을 만나겠다는
그 목소리가 아름다웠습니다
넉넉하지 않았지만 행복했고
자랑할 것 없었지만 뿌듯했고
틈틈이 쓴 시로
당신을 즐겁게 할 수 있어 좋았습니다

'처음처럼'
耳順의 나이에도 당신을 사랑할 수 있어 행복합니다

노을 무동 타고 오는 산들바람처럼

날마다 싱싱 달리는 아내가 좋다

그녀의 바퀴에
먼지를 털고 구두약을 입히고
뭉게구름을 입히고
상큼한 햇살과 소망도 입혀
주문을 건다

늪 같은 어둠에 빠지지 마라
구름 밟듯 사뿐사뿐 날아
만나는 사람마다
아름다운 말과 단아한 자태로
함박웃음 건네고

즐겁고 신나는 일로
풀꽃 같은 웃음 폴폴 날리며
노을 무동 타고 오는 산들바람처럼
살랑살랑 오너라

눈目 밥

눈의 밥은 꼼지락거리는
작은 세상을 찾아내는 것

멀리 있는 황홀한 세상은 보지 못해도
앞에 보이는 한순간을 사랑하는
눈,

가난하지만 맑은 눈을 가져
오늘도 당신을 바라볼 수 있어 행복합니다

말 한마디가 세상을 감동케 하듯
언제나 서로의 눈 밥이
고왔으면 좋겠습니다

풀꽃

손톱만한 풀꽃 한 송이가
집 한 채라고 생각하면
가슴이 뭉클 뛴다

바람 불 때마다
풀잎은 무너질까봐
얼마나 가슴 조아렸을까

5월, 꾀꼬리 소리에도 놀라
아슬아슬 흔들리는
집 한 채

새벽하늘이 집들이 왔다가
보름달 같은
아침이슬 달아두고 간다

공원 산책길에서

공원 산책길에서 다정하게 사진 찍고 싶은데
아내는 사진 찍기 싫어한다
왜냐고 물으니
싱긋 웃으며 "못생겨서"

그 한마디에
왠지 미안하고 안쓰러워
아내의 눈을 빤히 들여다봤다

평생 나만을 사랑한 꽃
"여보! 당신이 세상에서 제일 예뻐"

조촐한 저녁

토실한 감자가 시장에서 아내 손잡고 왔다
계란만한 토마토가 텃밭에서 내 손에 이끌려왔다
가지와 가시오이도 손잡고 왔다

그들이 저녁 식탁에 둘러앉아 나와 아내를 즐겁게 한다

매끈한 몸에 생채기를 냈으나
원망보단 솔바람 소리 계곡 물소리도 들려주고
아옹다옹 살아온 낮은 세상 이야기를 풀어놓는다

늦은 밤 내 속에 잠든 그들의 숨소리를 만진다
따뜻하다

두 개의 태양

딸아이 유치원 다닐 때 몇 년간 시골 기와집을 세 얻어 산 적이 있다
가마솥에 장작이나 폐지로 군불을 때도 새벽이면 추웠다
하루는 유치원에서 그림을 그려왔는데
창문이 하나 달린 기와집과 날아다니는 새 한 마리
태양이 두 개나 떠 있는 그림이다

아내가 의아해
"진요야! 해를 왜 두개나 그렸니?"
"엄마! 새가 날아다니면 추울까 봐"

안부

묻지 않으면 안부가 아닙니다
봄비가 대지를 촉촉이 적십니다
햇살이 풀꽃에게 포근히 애무합니다
참새가 마당에 포로롱 날아와 짹짹짹 아침 인사합니다

"어떻게 지내냐고?"
"누군가 몹시 그립지 않느냐고?"

내 창가에도
따르릉 따르릉 목련에게서 전화가 왔습니다
군대 간 아들에게서 옷 소포가 왔습니다
핑그르 눈물이 마중을 합니다
내일 밤차로 복사꽃도 온다고 합니다

분홍집

비슬산 참꽃 만발한 꽃길을 가다
나비처럼 꽃길을 가다
길 잃어버리면

꽃 속 나만 아는 분홍길
하늘밖에 안 보이면

소쩍새랑 쉬어갈 분홍집 하나 짓고
착한 아내와 화전 부쳐 먹으며
소꿉놀이하듯 한 열흘 살고 싶다

얼굴값

내 얼굴값은 비싸다
품위가 있어 비싼 게 아니라
순하게 생겨
물건 값을 더 부른다

아내는 쇼핑을 같이 하는 것을 좋아하지만
항상 2프로의 아쉬움을 말한다
마음에 들면 물건에 티를 잡아 값을 깎는데
옷을 고르고 흥정하는 사이
내 얼굴에서 나타난다는 것이다

아내는 투덜거린다
얼굴값이 비싸다고

오늘도 아내의 지갑에서 생선 두 마리 도망가고 있다

춘서春書

실한 가쟁이 골라
툭 터뜨릴 언어들이
눈곱처럼 매달려있다

경칩 지나자
햇살이 입맛 다신다
지저귀고 싶은 詩語들이 붉다

새해

계곡은 꽁꽁 얼고
눈이 쌓여도
저 나뭇가지 속에는 불이 숨어있네

땅속 깊이서 밀어 올리는
도톰한 꽃불
새해에 만나자는 약속을 하네

보고 싶다!
빨간 입술을 가진 애인이여

낙엽

봄바람이 신던 초록
달이 신고 다니던 노랑
해가 신던 빨강

가을 숲에
벗어놓은 하늘의 신발!

제3부

하늘 법문

하늘 법문

유가사 천왕문 앞
살구나무 가지가
하늘에 낙서를 한다

100년 묵은
무딘 붓끝에 선 경經 하나하나가
흰나비 되어 날아오른다

대견사지 삼층석탑*

등 돌리면 절벽이다 돌아보지 마라
절이 사라진 암벽 위에
신라 천 년 쌓아 놓고
안개가 탑돌이 한다

4월이면 봄바람 일어
층층이 타오르는 진달래
허공에 절 한 채 짓고
참꽃 등 밝히니

만 리 떠난 목어 한 마리 돌아와
하늘 바다에
은빛 지느러미 털며 운다

*비슬산 남측 자락 해발 1000미터 절벽 위에 남아있는 통일신라시대 삼층석탑. 2014년 3월 1일 대견사 중창되었음.

풍경風磬

추녀 끝에 둥지 튼 쇳물고기
하늘로 돌아가는 길 그렇게도 먼지
뼈와 살을 버리고 쇠로 무장하였다

귀가 없어
법당 예불소리는 귀동냥 못 하고
하루에도 수천 번 몸 공양하며
뎅그렁 뎅그렁…
나는 누구인가, 나는 누구인가

용문 오르듯
바람은 천상으로 가자하고
질긴 업의 쇠줄은 바닥으로 당기고

건너야 할 하늘의 강 헛발질하다
붉게 타는 노을 경전에
말 못하는 주둥이만 벌겋게 익었다

유가사 은행나무

유가사 은행나무 사람에게 말을 건다기에
가을날 솔밭 오솔길을 따라 유가사를 찾았다
천왕문 지나 시방루 앞
수백 년 꼿꼿하게 하늘로 솟은 폼이 부처 같다
삼백육십오일 대웅전 예불 귀 동냥하여
어느 날 성불한 부처님일 거라고 합장하자
천왕봉에서 불어온 갈바람에
노란 옷 부처가 되어 설법한다
가장 아름다운 것부터 비우라고
우듬지에서 하나 둘 황금 잎을 날린다

유학사留鶴寺

저물녘 미타산 자락 밟고
유학사에 갔네
아직 철쭉은 피지 않았고
절 안으로 들어서니
극락전 앞
춘향*이라는 미련한 여인이 합장하고 있었네
부처님 사랑 받아내려는 듯
200년을 일심으로 사모한
학 같은 여인
8월이면 그 마음 붉게 탄다네
잘 차려진 꽃 밥상 백일 공양하지만
극락전 다 태워도
1300년 좌불한
임은 끄덕이나 할까
"춘향아! 너는 꽃이 아니다" 하시는
부처님의 말씀
닿을 듯 닿지 않는 그 거리
천 년을 더 기다리리라하네

*극락전 앞에 서있는 200년 넘은 백일홍을 주지 스님이 춘향이라 불렀음.

대견사 마애불

눈 귀 입도 화염에 불살라
천년, 바위에 핀 불佛꽃

바람은 칼이 되어 바위를 베고
세월은 운무를 품었다 벗었다
빈손으로 돌아갔네

천의天意로
연꽃좌에 앉아
이 산중 일천성인 출현을 발원하니

대견사 풍경 소리
만리 청파 부르고
참꽃 피면 임이 올까
십 리 능선 비단길 꽃등 밝히네

*삼국유사의 비슬산 산신은 정성천왕靜聖天王인데 '이 산중에서 일천 명의 성인이 출현하기를 기다린다.' 고 했음.

와우산성臥牛山城

그 옛날 민심이 흉흉해 난이 일어나면
벌떡 일어나
불의와 싸웠다는 비슬산 와우臥牛

이 땅을 지키고자 성을 쌓았던 대가야의 숨결
무너진 성벽에 서려있고
왜군을 맞아 승전보를 울렸던 함성
홍의장군의 늠름한 기백이 살아 숨 쉰다

소의 뚝심으로
누구에게도 짓밟히길 거부한 땅

수려한 동쪽의 천왕봉
서쪽 광활한 포산들과 대니산
남쪽의 관기봉
북쪽의 낙동강을 응시하며
100년 달성을 꽃피우기 위해
다시 힘차게 일어서고 있다

* 비슬산 북서쪽 해발 671미터, 소가 누운 형상이라 해서 臥牛山城이라 전해옴.

비슬산 보각국사 일연 시비를 세우고

비슬산 심장에 보각국사 詩碑를 세우니
700년 전 잊혀져 간 역사의 고고한 숨결이
다시 비슬산 정기로 타 오른다
신라시대 달빛 밟고 서로 오가던 '관기 도성'
초근목피로 세속에 물들지 않고 선정에 든 '반사 첩사'
4성사의 아름다운 讚詩가 오월의 신록처럼 푸르다

보아라!
들녘에 청보리 여물고
비슬산 거문고 소리에 참꽃 흐드러진 5월
문인과 스님 일천의 마음을 담아
임의 詩를 청하여 포산에 밝히니
지혜를 깨우치는 문학의 산실이 되리라
삼국유사의 문향이 이곳에서 영원하리라

*유가사 입구에 2008년 5월 3일 시비를 세움.

비슬산 천왕봉

수천 년 이어져 내려온 비슬산 정상 천왕봉을
1997년 누군가 슬쩍 대견봉으로 바꾸어 놓았다

어라!
2008년 5월 3일 비슬산 보각국사 시비 제막 때
바뀐 사실이 꼬리 잡혀
천왕봉이다? 대견봉이다? 시시비비
달성군이 봉우리 명칭으로 수년 간 와글와글
2013년 말까지 나는 쭉 지켜보았지요
분명히 여지도서와 해동지도에
천왕봉으로 기록된 불변의 역사인데…

2014년 3월 1일,
그동안 바로잡기 위한 지역주민의 노력과
역겨웠던 과정이야 어떻던
드디어 지역주민의 뜻 이루어져
"그냥 쏙이 시원합니더"
형과 아우의 이름 다시는 바뀌지 않도록
큼직한 돌 명찰 새겼으니
"어허 허허허 속이 시원합니더!"

도리사

길이 뱀처럼 굽어 올라간 곳에
도리사가 있다

신라시대 아도화상은 한겨울 이곳에서 길을 잃고
복사꽃, 오얏꽃 핀 것을 보고 절을 세웠다는데
나는 몸속에서 꿈틀거리는 뱀을 보았다
날마다 고기도 먹고 생선도 먹는 흉측한 뱀
살면서 지은 죄 얼마나 많이 삼켰던가
대웅전 부처님께 절 공양하자
목탁소리에 놀란 뱀 한 마리
얼른 해우소에 풀어주고 나오니
속이 시원하다

하산하면서 꼬르륵거리는 내 뱃속 빈터에
복사꽃 오얏꽃이 피었다

심불사心佛寺

비슬산 아래 음리 고향엔
오래된 절한 채
가르랑가르랑 거린다

이끼 낀 돌담에 해묵어 썩어가는 서까래
황혼에 남은 체온을 끌어다 겨우 촛불 밝히는 심불사

어린 날 우리 집은 물레방앗간을 했다
땟거리 없어 동냥밥 얻으러 다니던 시절
어머니는 불쌍한 걸인이 오면 아버지 몰래 쌀도 퍼주고 밥도 줬다한다
그 습성이 배여 내리사랑인가
팔순인데도 자식이 가면 이것저것 챙겨줘서 안 가져가려는 나와
가져가라는 어미의 말다툼이 일어난다

쓸쓸한 어머니의 뒷모습
돌아서면 옹졸한 잘못인 줄 알지만
동구 밖을 지날 때는 하찮은 것이라도 가져올 걸 후회하며

멀어지는 심불사를 향해 합장한다
'나무관세음보살!'

빈객

나 늙어 오갈 데 없고 돈 떨어지는 날
남은 생 저당 잡아 비슬산에 머슴 살러 가리

30만 평 참꽃 정원 한 귀퉁이에
두어 칸 억새 오두막 엮어

쭉정이 같은 마누라 팔베개하면
소쩍새 멧새 벗처럼 달려오리

욕심 한 가지 꺾으면 하늘 한 마당 닿고
마음 한 잎 비우면 햇살 한 소쿠리 쏟아지는 그곳

청솔같이 푸르다 풀잎처럼 누우리

돌탑

누군가 쌓아놓은 돌탑에 작은 돌 하나 올려놓고
복을 달라고 할까요?
명예를 달라고 할까요?

돌 하나하나에
먼저 예약한 소원들이 너무 많아
하늘이 탑 위에 꼼짝 않고
푸르게 가슴만 아파하고 있습니다

세상엔 살기위해 몸부림치는 가난한 이가 너무 많나 봅니다
'하하하' 크게 한번 웃는 것이 내 소원이라고 우기며
나는 그냥 돌아가야겠습니다

차례를 기다리는 들어주지 못한 소원 발에 채입니다
내일이면 또 다시
누군가 바람처럼 왔다가
돌 하나 탑에 올려두고 가겠지요

노을 한 잔

늦가을 오후 관기봉* 봉긋한 바위 절벽 위에
웅크리고 있는 진달래, 물푸레, 떡갈나무
옹색한 살림이다

종일 빈속에 하늘만 뜯어먹다 보니
허기지고 목이 컬컬하다

그냥 오기가 민망해
'잔 받게' 하고
잘 익힌 걸쭉한 몸 주전자 여니
하늘도 붉다

*비슬산 남측 자락에 있는 해발 990미터 봉우리
포산 이성조 관기도성에 나오는 관기봉.

제4부

우포늪 쪽배

우포늪 쪽배

왕버들 숲 아래 쪽배가 있다
어디로 갈 것인지 나그네에게 길을 묻는다

저승에도 갑니까?
저승 보다 먼 중생대도 갑니까?

오늘은 내가 사공이 되어
안개 낀 갈대숲을 지나
늪 속에 묻혀 있는 중생대로 가리

시간의 지층을 허물어
하늘보다 깊은 그 곳에 닻을 내리리

한때 공룡이었을 나와
스쳐간 오랜 인연의 밀림을 찾아가면
초라한 동굴 한 채

아직 화석이 된 채로 나를 기다리는 공룡 아내와
이쁜 남매가 있을지 몰라

겨울 우포늪에서

소한小寒 지나 겨울 우포늪에서 보았다
늪이 왜 살아있어야 하는지

사람들이 방한복에 몸을 웅크리는 동안
철새들은 이국 만 리 날아와 늪 속에 주둥이를 박는다
늪의 그 숨통에 자신의 생명줄을 걸고
뻘 속에 묻힌 먹이를 낚아 올리는
저 처절한 몸짓

한 마리 고동 때문일까? 아니다,
천 년 전 어미가 그렇게 단련해 왔듯이
그 어미, 어미의 물질을 기억하고 잊지 않으려는 거다
아니다, 아직 그 누구도 캐지 못한
늪 속에 묻힌 일억 사천만 년의 신비를 캐내려는 거다

우포늪 한 접시

'한 접시' 란 말 참 이쁘다
술 생각이 난다

늪이 그리울 때
나는 우포늪 한 접시 담아 놓고 늪을 맛본다
물안개 논병아리 각시붕어 솔붓꽃 자운영…
신선한 우포늪 안주엔
뻘이 시커멓게 배인
100일 숙성시킨 가시연주酒가 최고일까

에라 모르겠다
왕버들 억센 가시나 하나
불러, 벗으로 마주하면
나도 풀벌레처럼 꺼억꺼억 울 수 있을까
뻘에 취한
1억 년 묵은 시 한 줄 풀어낼까

숫돌

너는
시인이 되고 싶은 나에게
칼이 되라고 속삭인다
날카롭게 자신을 다스리지 않으면 녹이 슨다고

뭉텅한 쇳덩이 철근 조각도 칼이 될 수 있다고
불지옥에도 던져보고
쇠망치에 몰매 맞아 담금질도 당해 보라고
속삭인다

그래야 독기 품은 시퍼런 칼날이 될 수 있다고
영혼도 벨 수 있는 칼이 될 수 있다고

걸어 다니는 밥

나는 밥을 먹으면서
쌀이, 고기가, 채소가 왜 내 밥일까?
어쩌면 그들은 나를 위해 죽어가는 성자라고 생각해본다
한 톨의 쌀이 되기 위한 88번의 여정도 힘든데
불가마 위에서 마지막 고행의 길을 가야했으니

미안하다 나의 밥들이여!
눈멀고 귀먹은 그들이 밥이 되었듯
나도 반백의 비탈길을 걸어왔다
날이 새면 가족을 위해 일터로 동분서주 뛰어야 하고
문제 해결을 위해 밤새 끙끙 앓아야 했다
누군가의 소중한 밥이 되기 위해

저녁노을이 붉다
"다녀왔습니다" 아이가 학교에서 돌아왔다
아내의 손에서 발갛게 익은 내 하루가 맛있게 차려진다

신에게 묻다

아침 산책길에 검은 깨가 한 홉 쏟아져 있다
자세히 보니 깨가 아닌 작은 개미무리가 꼼지락거린다
2밀리도 안 되는 실 개미들 뒤엉켜 싸우고 있다
죽은 동료의 사체를 밟고 싸우고 또 싸우고…
전술도 무기도 없이 혈투를 벌인다

다음날 아침 그곳에 가니 더 많은 전투 흔적이 남아 있다
이념도 사상의 차이도 아닌데
착하고 어질기만 한 개미가 저렇게 끔찍하게 싸운다

무엇이 저들을 저렇게 화나게 만들었을까?

상수리나무

도토리묵이 임금님 수라상에 자주 올라
상수라가 되었다는 귀한 몸이
수십 년 동안 한곳을 지키며
시퍼렇게 눈비 받아내며 비탈을 지키던 상수리가
늦가을 밤 우우 그렇게 짐승처럼 울더니
산비탈에서 끌려 내려와 찜질방 마당에 벌러덩 누워 있다

한여름 매미와 한 몸이 되어 노래하던 악기가
사슴벌레 풍뎅이가 엄마하며 젖을 빨던 엄마가
사람들의 입방아에 오르내리며 몸에 좋은 열기를 보시하고
때론 화덕에 벌겋게 달아올라
꽃등심 익을 때까지 소신공양 해야한다니

세상 착하게만 살았는데
그렇게 박복한 운명이 슬프지 않나
팔자도 '참' 나무란 이름에 걸맞지 않게

꽃의 무게

꽃에
벌과 나비가 날아와 사랑의 무게를 잰다

꺾일 듯 휘청 이는
꽃으로 사는 삶

얼머너 무거운가를
꽃만이 안다

간밤에
이슬도 슬피 울었다

상수리나무 · 2

오래된 상수리나무에 진물이 흐른다
때를 알고 제 몸에 향기를 발라
벌레가 생목을 파먹게 한 나무 성인의 눈물이 향기롭다
몸속에 문신 새기듯
가진 만큼 베풀며 세월을 담담히 받아내는 나무
오늘도 산들바람은 몇 번이나 흔들고 갔고
딱따구리가 아픈 부위를 쪼아 먹고 갔다
아, 이 순간만큼
나무도 벌레도 딱따구리도
각자의 행적을 밀서로
제 몸속 생존 본능의 유전인자에도 새겼을 것이다
먹이 사슬로 이어지는
작은 흔적들을 기록으로 남겨
봄이면 벌레들은 알에서 부화하여 나무속을 파고들 것이고
새끼 딱따구리도 그 어미의 행적처럼
집요한 추적을 할 것이다

겨울나무

두 눈을 감고 나뭇가지처럼 겨울을 나고 있으면
세상이 무척 보고 싶을 것이다

눈감고 몇 달을 산다는 것은
얼마나 괴로운 일인가

나뭇가지는 눈감았다 다시 뜰 때
꽃 피우고 새 옷도 입지만
인간은 그렇지 못함에 부끄러울 뿐이다

세상 일 너무 궁금해
하루도 참을성 없는 인간

내 눈썹이 몇 개인지도 모르는 나는
매일 먼 곳에 있는 것을 보려고 한다

살구가 익는 풍경

어린 시절 살구가 노랗게 불을 켠 순이네 울타리가 얼마나 부러웠던지
철없는 마음에 순이한테 장가갈까도 생각했던
6월,

보리걷이 하고 난 빈 들녘
주운 보리이삭으로 살구와 바꾸어 먹을 생각에
누이와 나는 노을이 무릎에 스밀 때까지 보리 이삭을 주웠지

살구가 노랗게 하늘을 뒤덮은 그 집
보리 한 되를 살구 한 접에 바꾸어 먹었던 시절
너무 많이 먹어 밤새도록 살구 배 앓아야했던
그때를 잊은
벌써 이순을 훌쩍 넘긴 나이

소꿉친구야!
6월의 고향이 살구 향기로 익고
도란도란 살구나무 밑에 앉아 살구 먹던
옛 생각에 입 안 가득 시큼한 침이 자꾸 고인다

해국 편지

가을날 해국에게서 편지가 왔다
소인은 파도로 찍고
얼마나 바닷바람으로 망설이다 썼는지
해안 절벽 바위틈에 집을 지은
보랏빛 사랑 하나

작년가을 소풍갔다
넋 잃고 바라보다
나를 잠시 잃어버렸던 바닷가

잃어버린 나를 부쳐왔다
그날을 기억하며 올가을에도 한번 다녀가라고
대보면 호미곶이란
주소가 선명했다

상수리나무 모텔

우리 집 앞마당에는 커다란 상수리나무가 있다
누구나 하룻밤 묵을 수 있는 그곳
아마 5층은 족히 되어 보인다
그곳에 들어서면 아늑한
뭉게구름처럼 쉬었다 가는 뭉게구름 방
별처럼 쉬었다 가는 별방
흔들흔들 바람의 방도 있다
저녁이면 초승달도 별아가씨 손잡고 오고
새벽에는 딱따구리
아침에는 까치
점심때는 꾀꼬리가 잠시 쉬었다 간다
계절마다 새 손님을 맞는 모텔
햇살과 빗방울로 단장한 모텔은 늘 바쁘다
그들만이 소곤거리는 밀어
그것이 불륜인지 아닌지 알지 못한다
다만 모텔 옆에 사는 나는 그들의 염탐꾼이다
감으로 눈치 채는 그 비밀
나는 그들의 연인관계도 손꼽아 놓고 있다

봄 밥상

봄 햇살에
엉큼하게 드러낸 가지와 잎
나무의 새로 돋은 이빨이다
날카롭다, 하늘을 다 먹어 치우려고

때론 허공을 이리 툭 저리 툭 치며
야단법석 떨고
무슨 꿍꿍이수작하듯
햇살을 물고 구시렁구시렁한다

그러다 간밤 봄비로 빚은
보너스 꽃봉투!
봉투를 열자 웃음이 넘쳐 나왔다
봉투를 열자 사랑이 넘쳐 나왔다
봄 밥상이 화사하다

선인장

내 몸에는 수천 개의 독 오른 가시가 있다
사나운 모래폭풍에 맞서
부드러운 날개를 버리고 가시를 달았다
오늘도 내가 어찌할 수 없는 가시는
어둠으로 나를 찌르고
상처 위에 퍼진 독은 또 다른 가시를 세워야한다

불어라! 사막의 폭풍아 가시는 내 사랑이다
밤새워 갈증을 참으며
먼 길을 걸어오는 낙타에게
고독한 전갈에게
심장을 찌르는 고통으로
가시마다 한 방울의 새벽이슬을 준비해야한다

척박한 땅에서
나보다 더 오기를 품고 살아가는
가난한 목마름을 위해
생의 가시를 달 수 밖에 없는 내겐 가시가 힘이다
그 힘으로 폭풍을 잠재우고 살아남은

의지의 짐승을 보았다